Aprender y Prosperar

Educación Financiera en la Vida Diaria

Descripción

"Aprender y Prosperar: Educación Financiera en la Vida Diaria" es una guía esencial para cualquier persona que desee tomar el control de sus finanzas y construir un futuro económico sólido. Este libro combina principios de educación financiera con consejos prácticos y ejemplos del mundo real, proporcionando a los lectores las herramientas necesarias para tomar decisiones financieras inteligentes y alcanzar sus metas económicas. Desde la gestión de presupuestos hasta la inversión y la planificación para la jubilación, este libro aborda una amplia gama de temas para ayudarte a prosperar económicamente en tu vida cotidiana.

"Aprender y Prosperar: Educación Financiera en la Vida Diaria" es una guía esencial que aborda la importancia de la educación financiera en el mundo actual. Este libro de educación financiera proporciona a los lectores una sólida base de conocimientos que les permite comprender y gestionar de manera efectiva sus recursos financieros.

A lo largo de sus diez capítulos, el libro explora los fundamentos de la educación financiera, desde cómo establecer un presupuesto sólido hasta cómo construir ingresos pasivos y alcanzar metas financieras a largo plazo. Los conceptos clave, como la gestión de deudas, la inversión y la diversificación, se presentan de manera accesible y comprensible.

El libro se enfoca en empoderar a los lectores para que tomen el control de su futuro financiero. Ofrece consejos prácticos, estrategias y ejemplos para aplicar los conceptos aprendidos en la vida diaria. Además, destaca la importancia de las metas financieras a largo plazo y cómo estas pueden conducir a una mayor independencia financiera y prosperidad económica.

En resumen, "Aprender y Prosperar" es una valiosa herramienta que capacita a los lectores con las habilidades y el conocimiento necesarios para tomar decisiones financieras informadas y alcanzar un futuro financiero sólido. Este libro es un recurso esencial para cualquier persona que desee mejorar su educación financiera y asegurar un camino hacia el éxito económico.

Tabla de Contenido

Introducción

Bienvenida al Mundo de la Educación Financiera
La Importancia de la Educación Financiera

Capítulo 1: Los Fundamentos de la Educación Financiera

Definiendo Educación Financiera
Por Qué la Educación Financiera es Importante
Los Beneficios de la Educación Financiera
Fuentes de Educación Financiera

Capítulo 2: Presupuesto: La Base de un Futuro Sólido

Comprender el Presupuesto
Pasos para Crear un Presupuesto
Seguimiento y Ajuste del Presupuesto
Herramientas de Presupuesto

Capítulo 3: Ahorro Inteligente: Haciendo que tu Dinero Rinda

Importancia del Ahorro
Estrategias de Ahorro Efectivas
Cuentas de Ahorro e Inversiones
Ahorro para Objetivos Específicos

Capítulo 4: Enderezando tus Deudas: Estrategias de Gestión de Deuda

Tipos de Deudas
Estrategias para Pagar Deudas
Consolidación de Deudas
Evitar Nuevas Deudas

Capítulo 5: Invertir en Tiempo Real: Conceptos Básicos de Inversión

Introducción a la Inversión
Tipos de Inversiones
Diversificación de Inversiones
Evaluar el Riesgo y el Rendimiento

Capítulo 6: Diversificación: La Clave para una Cartera Exitosa

Importancia de la Diversificación
Estrategias de Diversificación
Creación de una Cartera Diversificada
Monitoreo de la Diversificación

Capítulo 7: Planificación de la Jubilación: Garantizando un Retiro Cómodo

La Importancia de la Planificación de la Jubilación
Herramientas de Jubilación
Establecimiento de Metas de Jubilación
Estrategias de Ahorro para la Jubilación

Capítulo 8: Comprender el Crédito y las Puntuaciones Crediticias

El Concepto de Crédito
Las Puntuaciones Crediticias: ¿Qué Son y Cómo Funcionan?
Importancia de las Puntuaciones Crediticias
Cómo Gestionar tu Crédito de Manera Efectiva

Capítulo 9: Ingresos Pasivos: Haciendo que el Dinero Trabaje para Ti

¿Qué Son los Ingresos Pasivos?
La Importancia de los Ingresos Pasivos
Formas Comunes de Generar Ingresos Pasivos
Construyendo Ingresos Pasivos

Capítulo 10: Hacia un Futuro Financiero Próspero: Metas y Estrategias a Largo Plazo

La Importancia de las Metas Financieras a Largo Plazo
Estableciendo Metas Financieras a Largo Plazo
Estrategias para Alcanzar tus Metas Financieras a Largo Plazo
Agradecimiento a los Lectores

Conclusión
 Resumen de los Conceptos Clave
Tu Viaje hacia un Futuro Financiero Próspero
Espero que esta tabla de contenido te sea útil y ayude a organizar el contenido de tu libro de educación financiera.

Prefacio

Bienvenido a "Aprender y Prosperar: Educación Financiera en la Vida Diaria". Este libro está diseñado para ser tu guía en el apasionante viaje de la educación financiera. En las páginas que siguen, exploraremos conceptos, estrategias y herramientas que te capacitarán para tomar el control de tu futuro financiero y lograr la independencia económica.

La educación financiera es una habilidad fundamental que a menudo pasamos por alto en nuestra educación tradicional. Sin embargo, entender cómo gestionar el dinero, tomar decisiones financieras informadas y construir un futuro financiero sólido es esencial para alcanzar tus metas y sueños personales. Este libro está diseñado para llenar ese vacío y brindarte los conocimientos necesarios para prosperar en el mundo de las finanzas.

A lo largo de las páginas que siguen, exploraremos temas que van desde los fundamentos de la educación financiera hasta la gestión del crédito, la inversión y la planificación de la jubilación. Cada capítulo se enfoca en proporcionar información valiosa y consejos prácticos que puedes aplicar en tu vida diaria. Desde cómo establecer un presupuesto efectivo hasta cómo hacer que tu dinero trabaje para ti a través de ingresos pasivos, este libro está diseñado para ser una herramienta práctica en tu búsqueda de éxito financiero.

Es importante destacar que la educación financiera es un proceso continuo. A medida que avanzas en tu camino hacia una mayor comprensión de las finanzas, te encontrarás en una posición más sólida para tomar decisiones informadas que beneficien a ti y a tu familia.

Este libro está diseñado para cualquier persona que desee mejorar su educación financiera, sin importar su nivel de conocimiento actual. Ya sea que estés empezando desde cero o buscando ampliar tus habilidades financieras existentes, encontrarás información valiosa en estas páginas.

En última instancia, nuestro objetivo es empoderarte para que tomes el control de tu futuro financiero. No importa cuáles sean tus objetivos personales, la educación financiera te proporcionará las herramientas que necesitas para alcanzarlos. Aprovecha al máximo este libro, aplícalo en tu vida cotidiana y observa cómo tus habilidades financieras y tu confianza crecen con el tiempo.

A medida que avanzamos en esta travesía, recuerda que estás invirtiendo en ti mismo, en tu futuro y en tu bienestar financiero. Tu éxito en el mundo de las finanzas es un reflejo de tu dedicación y aprendizaje continuo. A medida que avanzamos en cada capítulo, te animamos a reflexionar sobre cómo puedes aplicar estos conceptos en tu vida y trabajar hacia un futuro financiero próspero.

Gracias por elegir "Aprender y Prosperar: Educación Financiera en la Vida Diaria" como tu compañero en este viaje. Esperamos que este libro sea una fuente de inspiración y conocimiento que te acompañe a lo largo de tu vida financiera. ¡Empecemos este viaje juntos!

Capítulo 1: Los Fundamentos de la Educación Financiera

La educación financiera es la base sobre la cual se construye un futuro financiero sólido y exitoso. En este primer capítulo, exploraremos los conceptos fundamentales de la educación financiera, que son esenciales para cualquier persona que desee tomar el control de su situación financiera y prosperar en la vida.

La Importancia de la Educación Financiera

La educación financiera es la comprensión de cómo funcionan el dinero, los activos, las deudas y las inversiones en la vida cotidiana. Es la capacidad de tomar decisiones financieras informadas y conscientes que afectan la calidad de vida y el bienestar económico. A menudo, la educación financiera se pasa por alto o se subestima, pero su importancia no puede ser exagerada.

La falta de educación financiera puede llevar a una serie de problemas, como el endeudamiento excesivo, la falta de ahorros, la inversión inadecuada y una jubilación insegura. Por otro lado, una educación financiera sólida proporciona las herramientas necesarias para tomar decisiones inteligentes con el dinero, construir riqueza y lograr metas financieras a largo plazo.

Diferencia entre Activos y Pasivos

Uno de los conceptos más fundamentales en educación financiera es la distinción entre activos y pasivos. Un activo es cualquier cosa que ponga dinero en tu bolsillo, mientras que un pasivo es cualquier cosa que saque dinero de tu bolsillo.

Los activos pueden incluir inversiones, propiedades, negocios o incluso tu educación y habilidades profesionales. Los activos generan ingresos o apreciación con el tiempo y contribuyen a tu riqueza neta.

Los pasivos, por otro lado, pueden incluir préstamos, hipotecas, tarjetas de crédito y gastos recurrentes. Los pasivos consumen dinero en forma de pagos de intereses o gastos mensuales. Una parte esencial de la educación financiera es aprender a aumentar tus activos y reducir tus pasivos para mejorar tu posición financiera.

Establecer Metas Financieras

Una parte crucial de la educación financiera es la capacidad de establecer metas financieras. Sin metas claras, es difícil saber hacia dónde dirigir tus esfuerzos financieros. Las metas financieras pueden variar ampliamente según la persona, pero comúnmente incluyen la compra de una casa, la educación de los hijos, la jubilación temprana, la creación de un fondo de emergencia y más.

Establecer metas financieras proporciona un propósito y un sentido de dirección en tus esfuerzos financieros. Te motiva a ahorrar, invertir y gastar de manera consciente para lograr tus objetivos a corto y largo plazo.

Creación de un Plan de Educación Financiera Personal

La educación financiera no se trata solo de comprender los conceptos, sino también de aplicar ese conocimiento a tu vida cotidiana. Un plan de educación financiera personal es una hoja de ruta que te ayudará a traducir tus metas financieras en acciones concretas.

En tu plan financiero, debes definir tus metas, establecer un presupuesto, determinar cuánto debes ahorrar e invertir, y establecer un calendario para alcanzar tus metas. También debes tener en cuenta los riesgos financieros y cómo mitigarlos. Un buen plan financiero debe ser flexible y ajustable a medida que cambian tus circunstancias.

Crecimiento Continuo

La educación financiera no es un proceso estático. El mundo financiero evoluciona constantemente, y tus metas y necesidades financieras pueden cambiar con el tiempo. Por lo tanto, es esencial mantener un compromiso con el crecimiento financiero continuo. Esto implica seguir aprendiendo sobre inversiones, impuestos, estrategias de ahorro y otros aspectos financieros.

Existen numerosos recursos disponibles para el crecimiento financiero, como libros, blogs, cursos en línea y asesoramiento financiero profesional. Además, es útil mantenerse al tanto de las noticias económicas y las tendencias financieras globales.

Conclusión

El capítulo 1, "Los Fundamentos de la Educación Financiera", establece las bases para un viaje financiero exitoso. Comprender la importancia de la educación financiera, la diferencia entre activos y pasivos, el establecimiento de metas financieras y la creación de un plan financiero personal son pasos esenciales en el proceso de convertirse en un individuo financieramente educado y responsable.

La educación financiera es una herramienta poderosa que te permite tomar el control de tu vida financiera, reducir el estrés económico y alcanzar tus metas a largo plazo. Con una base sólida en los fundamentos de la educación financiera, estás preparado para abordar los desafíos financieros con confianza y tomar decisiones informadas que te permitan prosperar en la vida.

Recuerda que la educación financiera es un viaje que continúa a lo largo de la vida. El próximo capítulo profundizará en el aspecto práctico de la educación financiera al explorar la importancia de crear un presupuesto sólido como base para una vida financiera saludable.

Capítulo 2: Presupuesto: La Base de un Futuro Sólido

El presupuesto es una herramienta fundamental en la gestión de las finanzas personales. Es la piedra angular de un futuro financiero sólido y exitoso. En este capítulo, exploraremos en detalle el concepto de presupuesto, su importancia, cómo crearlo y cómo mantenerlo. Un presupuesto bien diseñado es la clave para tomar el control de tus finanzas y lograr tus objetivos financieros a corto y largo plazo.

La Importancia del Presupuesto

Un presupuesto es una representación detallada de tus ingresos y gastos. Es esencial porque te proporciona una visión clara de cómo se gestiona tu dinero. Sin un presupuesto, es difícil saber a dónde va tu dinero y, por lo tanto, es complicado tomar decisiones financieras informadas.

El presupuesto es como un mapa que te guía a través de tu vida financiera. Te ayuda a evitar el gasto excesivo, te permite priorizar tus necesidades y deseos, y te brinda una visión clara de tu situación financiera actual y futura. Además, un presupuesto bien gestionado puede ayudarte a reducir la deuda, aumentar tus ahorros y construir riqueza a lo largo del tiempo.

Creando un Presupuesto

La creación de un presupuesto implica varios pasos clave:

Registra tus ingresos: Comienza por hacer una lista de todas tus fuentes de ingresos. Esto incluye tu salario, ingresos por trabajos secundarios, ingresos de inversiones u otras fuentes de dinero.

Lista tus gastos: Haz una lista de todos tus gastos, tanto fijos como variables. Los gastos fijos incluyen hipotecas o alquiler, servicios públicos, seguros, pagos de deudas, etc. Los gastos variables incluyen compras, entretenimiento, comidas fuera de casa y otros gastos discrecionales.

Categoriza tus gastos: Divide tus gastos en categorías, como vivienda, transporte, alimentos, entretenimiento, ahorro, inversión, deuda, etc. Esto te ayudará a comprender en qué áreas estás gastando más.

Establece metas de gastos: Establece límites para cada categoría de gastos. Esto te permite controlar tus gastos y evitar excesos. Es importante ser realista al establecer estos límites.

Registra tus gastos: Lleva un registro de tus gastos diarios. Puedes hacerlo con una hoja de cálculo, una aplicación de presupuesto o incluso una libreta. El seguimiento de gastos es esencial para asegurarte de que estás siguiendo tu presupuesto.

Revisa y ajusta: Regularmente, revisa tu presupuesto para asegurarte de que estás siguiendo tus metas de gastos. Si te das cuenta de que estás gastando más en una categoría de lo planeado, ajusta tu presupuesto en consecuencia.

Beneficios del Presupuesto

Un presupuesto bien gestionado tiene una serie de beneficios:

Control de gastos: Te ayuda a controlar tus gastos y evitar el gasto excesivo. Saber exactamente en qué se va tu dinero te permite tomar decisiones informadas.

Ahorro y reducción de deudas: Un presupuesto te permite asignar dinero para el ahorro y la reducción de deudas. Puedes establecer metas de ahorro y deuda y seguir tu progreso.

Planificación a largo plazo: Un presupuesto te proporciona una visión a largo plazo de tus finanzas. Puedes planificar para metas a largo plazo, como comprar una casa, pagar la educación de tus hijos o jubilarte cómodamente.

Paz mental: Saber que tienes un presupuesto en marcha y que tus finanzas están bajo control te brinda paz mental. Te permite reducir el estrés financiero y concentrarte en otras áreas de tu vida.

Capacidad para afrontar emergencias: Con un fondo de emergencia financiado a través de tu presupuesto, estarás mejor preparado para enfrentar gastos inesperados, como reparaciones en el hogar o gastos médicos.

Mantenimiento del Presupuesto

La creación de un presupuesto es solo el primer paso. Mantenerlo a lo largo del tiempo es igualmente importante. Aquí hay algunas estrategias para asegurarte de que tu presupuesto siga siendo efectivo:

Hacer un seguimiento de gastos: Continúa registrando tus gastos diarios y asegúrate de que estén alineados con tus metas de gastos. Esto te permitirá hacer ajustes si es necesario.

Revisión regular: Programa revisiones regulares de tu presupuesto. Puedes hacerlo semanal, quincenal o mensualmente, según lo que funcione mejor para ti. Durante estas revisiones, verifica tu progreso y realiza ajustes si es necesario.

Flexibilidad: Un presupuesto debe ser flexible. Si ocurren eventos inesperados, como cambios en tus ingresos o gastos, asegúrate de ajustar tu presupuesto en consecuencia.

Ahorro e inversión: No olvides asignar dinero para el ahorro y la inversión en tu presupuesto. Estas son las herramientas clave para construir riqueza a largo plazo.

Automatización: Automatiza tus ahorros e inversiones tanto como sea posible. Esto garantiza que se cumplan tus objetivos financieros sin necesidad de intervención constante.

Conclusión

Un presupuesto bien diseñado y gestionado es la base de un futuro financiero sólido. Te proporciona el control y la visión necesarios para tomar decisiones financieras informadas, reducir la deuda, aumentar tus ahorros y alcanzar tus metas financieras.

La importancia de un presupuesto radica en su capacidad para brindar estabilidad financiera y reducir el estrés económico. No importa cuál sea tu situación financiera actual; un presupuesto puede ayudarte a tomar medidas concretas para mejorar tu situación financiera.

En el próximo capítulo, exploraremos estrategias de ahorro inteligente, que te permitirán hacer que tu dinero rinda al máximo y te acercará a tus metas financieras a largo plazo. Un presupuesto bien gestionado te proporciona los cimientos necesarios para aprovechar al máximo tus recursos financieros y construir un futuro sólido.

Capítulo 3: Ahorro Inteligente: Haciendo que tu Dinero Rinda

El ahorro inteligente es una parte esencial de cualquier plan financiero sólido. No se trata solo de guardar dinero en una cuenta bancaria, sino de asegurarse de que ese dinero trabaje para ti y te acerque a tus metas financieras. En este capítulo, exploraremos en profundidad el concepto de ahorro inteligente, estrategias para ahorrar efectivamente y cómo maximizar los rendimientos de tus ahorros.

La Importancia del Ahorro Inteligente

El ahorro inteligente es crucial para varios aspectos de tu vida financiera:

Reserva de Emergencia: Un fondo de emergencia es esencial para hacer frente a gastos inesperados, como reparaciones en el hogar, gastos médicos o pérdida de empleo. Ahorrar de manera inteligente te permite construir y mantener un fondo de emergencia adecuado.

Metas a Corto Plazo: Si tienes metas financieras a corto plazo, como un viaje, una compra importante o un evento especial, el ahorro inteligente te ayudará a alcanzar estas metas sin recurrir a la deuda.

Jubilación: El ahorro inteligente es esencial para la jubilación. Cuanto antes comiences a ahorrar e invertir para la jubilación, más tiempo tendrás para que tus inversiones crezcan y te proporcionen una jubilación cómoda.

Independencia Financiera: El ahorro inteligente te acerca a la independencia financiera, lo que significa que tienes suficiente dinero para vivir cómodamente sin depender de un empleo remunerado.

Estrategias de Ahorro Inteligente

A continuación, exploraremos algunas estrategias para ahorrar de manera inteligente:

Establecer Metas de Ahorro: Comienza por establecer metas de ahorro específicas. Define cuánto deseas ahorrar y en qué plazo. Las metas claras te proporcionarán un propósito y una motivación para ahorrar.

Automatizar Tus Ahorros: Configura transferencias automáticas para que una parte de tus ingresos se dirija directamente a una cuenta de ahorros o inversión. Esto garantiza que ahorres regularmente sin tener que pensar en ello.

Priorizar el Pago de Deudas de Alto Interés: Si tienes deudas con tasas de interés elevadas, como tarjetas de crédito, prioriza el pago de esas deudas antes de ahorrar en otros lugares. La reducción de la deuda te permite liberar más dinero para el ahorro en el futuro.

Crear un Presupuesto de Ahorro: Asigna una parte de tu presupuesto para el ahorro. Al igual que asignas dinero para gastos fijos como el alquiler o la hipoteca, debes considerar el ahorro como un gasto obligatorio.

Minimizar los Gastos Innecesarios: Revisa regularmente tus gastos y elimina aquellos que no son esenciales. Pequeños recortes en gastos diarios pueden liberar una cantidad significativa de dinero para el ahorro.

Utilizar Cuentas de Ahorro de Alto Rendimiento: Busca cuentas de ahorro o cuentas del mercado de dinero que ofrezcan tasas de interés competitivas. Estas cuentas te permiten que tu dinero gane intereses mientras sigue siendo fácilmente accesible.

Ahorro vs. Inversión

El ahorro y la inversión son dos conceptos relacionados pero diferentes. El ahorro implica poner dinero de lado de forma segura, generalmente en cuentas de ahorro o certificados de depósito, con un enfoque en la liquidez y la seguridad. El objetivo principal del ahorro es acumular un fondo de emergencia y dinero para metas a corto plazo.

La inversión, por otro lado, implica poner tu dinero en instrumentos financieros con la esperanza de obtener un rendimiento más alto a largo plazo. Esto puede incluir acciones, bonos, bienes raíces u otros activos financieros. La inversión conlleva un mayor riesgo pero también puede ofrecer mayores recompensas.

La clave para una gestión financiera exitosa es encontrar el equilibrio adecuado entre el ahorro y la inversión. Tus ahorros deben actuar como un colchón de seguridad, mientras que tus inversiones trabajan para generar crecimiento y riqueza a largo plazo.

Maximizando los Rendimientos de Tus Ahorros

Para que tu dinero ahorro rinda al máximo, considera las siguientes estrategias:

Diversificación de Inversiones: Si decides invertir una parte de tus ahorros, diversifica tu cartera. Esto significa invertir en una variedad de activos para reducir el riesgo. La diversificación puede ayudarte a aprovechar diferentes oportunidades de inversión.

Inversiones en Fondos de Índice: Los fondos de índice son una opción popular para inversores a largo plazo. Siguen el rendimiento de un índice específico, como el S&P 500, y tienden a ofrecer rendimientos sólidos a lo largo del tiempo.

Inversiones a Largo Plazo: Para aprovechar al máximo las inversiones, mantén una perspectiva a largo plazo. Evita la tentación de comprar y vender con frecuencia, ya que esto puede generar comisiones y erosionar tus rendimientos.

Educación Financiera: Aprende sobre diferentes opciones de inversión y cómo funcionan. Cuanto más sepas, mejor preparado estarás para tomar decisiones informadas y maximizar tus rendimientos.

Consultar a un Asesor Financiero: Si no te sientes seguro sobre las inversiones, considera la posibilidad de consultar a un asesor financiero. Pueden ayudarte a crear una estrategia de inversión personalizada.

Conclusión

El ahorro inteligente es una parte fundamental de la gestión financiera exitosa. No se trata solo de guardar dinero, sino de asegurarse de que ese dinero trabaje para ti. El ahorro te proporciona seguridad financiera, te permite alcanzar metas a corto plazo y te acerca a la independencia financiera.

Para aprovechar al máximo tus ahorros, debes establecer metas de ahorro, automatizar tus ahorros, priorizar el pago de deudas de alto interés y minimizar los gastos innecesarios.

Capítulo 4: Enderezando tus Deudas: Estrategias de Gestión de Deuda

La gestión de la deuda es una parte crítica de la educación financiera. En este capítulo, exploraremos estrategias efectivas para lidiar con la deuda, entenderemos los diferentes tipos de deuda, y aprenderemos cómo crear un plan sólido para reducir y eventualmente eliminar las deudas que puedan estar obstaculizando tu progreso financiero.

Comprendiendo la Deuda

La deuda es una parte común de la vida para muchas personas. Puede tomar diversas formas, desde préstamos estudiantiles, hipotecas, tarjetas de crédito hasta préstamos personales. Aunque algunas formas de deuda son herramientas útiles para alcanzar metas financieras, como comprar una casa, demasiada deuda puede convertirse en una carga financiera abrumadora.

Es importante entender que no todas las deudas son iguales. Algunas deudas, como las de tasas de interés más bajas, pueden considerarse más "buenas", ya que pueden ayudarte a construir riqueza a largo plazo. Por otro lado, las deudas de alto interés, como las de las tarjetas de crédito, pueden ser perjudiciales si no se manejan adecuadamente.

Creación de un Inventario de Deudas

El primer paso en la gestión de la deuda es crear un inventario de tus deudas. Esto implica hacer una lista de todas las deudas que tienes, incluyendo el saldo, la tasa de interés y los plazos de pago. Algunas de las deudas más comunes incluyen:

Tarjetas de crédito: Las deudas de tarjetas de crédito suelen tener tasas de interés elevadas, lo que las convierte en una prioridad para la gestión de la deuda.

Préstamos estudiantiles: Estos préstamos son comunes para financiar la educación universitaria y a menudo tienen tasas de interés más bajas, pero plazos de pago a largo plazo.

Hipotecas: Las hipotecas son préstamos para la compra de viviendas. Si bien suelen tener tasas de interés más bajas, representan una deuda significativa a largo plazo.

Préstamos personales: Estos préstamos pueden utilizarse para diversas necesidades financieras y varían en términos de tasas de interés y plazos.

Préstamos de automóviles: Los préstamos para la compra de vehículos también varían en términos de tasas de interés y plazos.

Priorización de Deudas

Una vez que tengas un inventario de tus deudas, el siguiente paso es priorizarlas. En general, es una buena idea centrarse en pagar las deudas de alto interés primero. Las tasas de interés elevadas pueden hacer que la deuda aumente rápidamente con el tiempo.

Aquí hay una estrategia común para priorizar tus deudas:

Deudas de tarjetas de crédito: Estas suelen ser las deudas con las tasas de interés más altas. Enfócate en pagar estas deudas lo más rápido posible. Puedes utilizar la estrategia de "bola de nieve" o la estrategia de "avalancha" para reducir tus deudas de tarjetas de crédito de manera eficiente.

Préstamos personales y de automóviles: Luego, puedes dirigirte a préstamos con tasas de interés moderadas, como préstamos personales o de automóviles.

Préstamos estudiantiles y hipotecas: Estas deudas a menudo tienen tasas de interés más bajas y plazos de pago más largos. Si bien es importante seguir realizando los pagos programados, puedes considerar estrategias de pago adicionales una vez que hayas abordado las deudas de alto interés.

Estrategias de Gestión de Deuda

Una vez que hayas priorizado tus deudas, es importante implementar estrategias de gestión de deuda para reducirlas de manera efectiva. Aquí hay algunas estrategias clave:

Presupuesto Ajustado: Ajusta tu presupuesto para destinar una cantidad significativa de tus ingresos al pago de deudas. Esto implica vivir por debajo de tus posibilidades y limitar gastos no esenciales.

Pago Adicional: Destina cualquier ingreso adicional, como bonificaciones o ingresos por trabajos secundarios, al pago de tus deudas prioritarias. Cada dólar adicional que pagues acortará el tiempo necesario para eliminar la deuda.

Consolidación de Deudas: La consolidación de deudas implica combinar múltiples deudas en una sola con una tasa de interés más baja. Esto puede simplificar tus pagos y reducir los costos de interés en el futuro.

Negociación de Tasas de Interés: En algunos casos, es posible negociar tasas de interés más bajas con tus acreedores. Una tasa de interés más baja significa que pagarás menos en intereses con el tiempo.

Venta de Bienes no Esenciales: Si tienes activos que no son esenciales, como vehículos o pertenencias de valor, considera venderlos para obtener ingresos adicionales que puedas destinar al pago de deudas.

Asesoramiento de Crédito: Si estás luchando para gestionar tus deudas, considera buscar asesoramiento de crédito. Los consejeros de crédito pueden ayudarte a crear un plan de gestión de deuda y proporcionarte orientación sobre cómo mejorar tu situación financiera.

El Papel de la Disciplina y la Persistencia

La gestión de la deuda requiere disciplina y persistencia. Pagar la deuda puede ser un proceso largo y desafiante, pero los beneficios a largo plazo son significativos. Aquí hay algunas consideraciones clave:

Mantén la Disciplina: Cumplir con tu presupuesto y realizar pagos adicionales de manera consistente es fundamental. La disciplina es clave para superar la deuda.

Celebra los Logros: A medida que vayas pagando deudas, celebra tus logros. Cada deuda liquidada te acerca un paso más a la libertad financiera.

Aprende de tus Errores: Reflexiona sobre cómo caíste en la deuda y busca formas de evitar cometer los mismos errores en el futuro.

Enfócate en tus Metas: Mantén tus metas financieras a largo plazo en mente. Recordar por qué estás haciendo sacrificios temporales te dará motivación.

Evitando la Recaída

Una vez que hayas pagado tus deudas, es importante evitar una recaída en la deuda. Aquí hay algunas estrategias para mantener una gestión financiera saludable:

Establecer un Fondo de Emergencia: Un fondo de emergencia bien financiado puede ayudarte a evitar recurrir a la deuda en caso de gastos inesperados.

Seguir un Presupuesto: Continúa siguiendo un presupuesto después de pagar tus deudas. Un presupuesto te ayuda a controlar tus gastos y evitar el endeudamiento innecesario.

Invertir para el Futuro: Una vez que hayas pagado tus deudas, destina parte de tus ingresos al ahorro e inversión a largo plazo en lugar de gastarlo en gastos innecesarios.

Educación Financiera Continua: Sigue aprendiendo sobre educación financiera para mantener y fortalecer tus habilidades financieras.

Conclusión

La gestión de la deuda es una parte esencial de la educación financiera. Entender tus deudas, priorizarlas y desarrollar estrategias efectivas para reducirlas es fundamental para alcanzar la independencia financiera. Si bien el proceso puede ser desafiante, la disciplina y la persistencia te permitirán superar la deuda y construir un futuro financiero sólido. En el siguiente capítulo, exploraremos los conceptos básicos de la inversión, lo que te ayudará a hacer que tu dinero trabaje para ti y a construir riqueza a largo plazo.

Capítulo 5: Invertir en Tiempo Real: Conceptos Básicos de Inversión

La inversión es una parte esencial de la gestión financiera y un componente clave para construir riqueza a largo plazo. En este capítulo, exploraremos los conceptos básicos de inversión, cómo comenzar a invertir, las diferentes clases de activos en los que puedes invertir y cómo desarrollar una estrategia de inversión sólida. La inversión inteligente puede hacer que tu dinero trabaje para ti y acercarte a tus metas financieras a largo plazo.

La Importancia de la Inversión

La inversión desempeña un papel fundamental en el proceso de acumular riqueza a lo largo del tiempo. A diferencia del ahorro, que implica guardar dinero en una cuenta de ahorro o certificado de depósito con intereses bajos, la inversión busca generar rendimientos más altos a través del crecimiento de tus activos. La inversión es esencial por varias razones:

Crecimiento del Capital: La inversión puede permitirte que tu dinero crezca a lo largo del tiempo a tasas más altas que las ofrecidas por las cuentas de ahorro tradicionales.

Vencer a la Inflación: La inflación disminuye el poder adquisitivo de tu dinero con el tiempo. La inversión puede ayudar a superar la inflación y proteger tu capacidad de compra.

Acumulación de Riqueza: A través de la inversión, puedes acumular riqueza y trabajar hacia metas financieras a largo plazo, como la jubilación, la educación de tus hijos o la compra de una vivienda.

Comenzando a Invertir

Para aquellos que son nuevos en la inversión, el proceso puede parecer abrumador. Sin embargo, comenzar a invertir es un paso crucial para asegurar tu futuro financiero. Aquí hay algunos pasos para comenzar:

Educación Financiera: Antes de comenzar a invertir, es importante educarte sobre los conceptos básicos de inversión. Comprender los diferentes tipos de activos y cómo funcionan los mercados financieros es esencial.

Establecer Objetivos de Inversión: Define tus objetivos financieros a largo plazo. ¿Estás invirtiendo para la jubilación, la educación de tus hijos o para comprar una casa? Tus objetivos determinarán tu estrategia de inversión.

Evaluar el Tolerancia al Riesgo: La tolerancia al riesgo es tu disposición a asumir riesgos en tus inversiones. Debes evaluar cuánto riesgo estás dispuesto a tomar y encontrar una estrategia de inversión que se ajuste a tu perfil de riesgo.

Diversificación: La diversificación implica la inversión en una variedad de activos para reducir el riesgo. No pongas todos tus huevos en la misma canasta. Diversificar puede ayudarte a suavizar las fluctuaciones del mercado.

Abrir una Cuenta de Inversión: Abre una cuenta de inversión con una institución financiera, como un banco o una correduría. Esto te permitirá comprar y vender activos financieros.

Inversiones de Bajo Costo: Considera inversiones de bajo costo, como fondos de índice o fondos cotizados en bolsa (ETF). Estas opciones suelen tener comisiones más bajas y pueden ser adecuadas para inversores principiantes.

Clases de Activos en los que Puedes Invertir

Cuando se trata de inversión, hay varias clases de activos en los que puedes considerar invertir. Cada clase de activo tiene sus propias características y nivel de riesgo. Aquí están algunas de las clases de activos más comunes:

Acciones: Las acciones representan una participación en la propiedad de una empresa. Invertir en acciones significa comprar acciones de una empresa y tener la oportunidad de obtener ganancias a través del crecimiento del valor de las acciones y los dividendos.

Bonos: Los bonos son valores de deuda emitidos por gobiernos, empresas o entidades. Los inversores compran bonos y reciben intereses periódicos y la devolución del valor nominal del bono al vencimiento.

Fondos Mutuos: Los fondos mutuos son vehículos de inversión que permiten a los inversores comprar una cartera diversificada de activos, administrada por un gestor de fondos. Los fondos mutuos pueden incluir acciones, bonos y otros valores.

Bienes Raíces: La inversión en bienes raíces implica comprar propiedades, como casas o edificios comerciales, con la esperanza de generar ingresos a través del alquiler o la apreciación del valor de la propiedad.

Materias Primas: Las materias primas son productos básicos, como petróleo, oro o alimentos, que los inversores pueden comprar para beneficiarse de los cambios en los precios de estas materias primas.

Fondos Cotizados en Bolsa (ETF): Los ETF son similares a los fondos mutuos, pero se negocian en bolsas de valores como acciones. Ofrecen diversificación y liquidez.

Estrategias de Inversión

Una vez que hayas decidido en qué clase de activo deseas invertir, es importante desarrollar una estrategia de inversión sólida. Algunas estrategias comunes incluyen:

Inversión a Largo Plazo: Esta estrategia implica comprar activos con la intención de mantenerlos durante muchos años. Se basa en la creencia de que los mercados tienden a aumentar a largo plazo.

Inversión de Valor: La inversión de valor implica buscar activos infravalorados en el mercado y comprarlos a un precio más bajo que su valor intrínseco. Los inversores de valor buscan obtener ganancias cuando el mercado reconoce el valor real del activo.

Inversión de Crecimiento: Los inversores de crecimiento buscan activos con un potencial de crecimiento significativo en el futuro. Están dispuestos a asumir más riesgos en busca de mayores rendimientos.

Diversificación: La diversificación es una estrategia clave para reducir el riesgo. No pongas todos tus recursos en una sola inversión. Distribuye tu dinero en diferentes activos y clases de activos.

Reequilibrio Regular: A medida que los mercados fluctúan, es importante reequilibrar tu cartera periódicamente para mantenerla en línea con tus objetivos de inversión y tu tolerancia al riesgo.

Inversión Automatizada: La inversión automatizada implica programar compras regulares de activos a través de inversiones programadas, como la inversión automática en un fondo de índice.

El Rol de la Investigación

La investigación es fundamental para tomar decisiones de inversión informadas. Antes de invertir en un activo o clase de activo en particular, debes investigar y comprender completamente los siguientes aspectos:

Rendimiento Histórico: Investiga el rendimiento histórico del activo o clase de activo en cuestión. Examina cómo ha funcionado en el pasado para obtener una idea de su potencial de crecimiento.

Fundamentales: Comprende los fundamentos de cualquier empresa o entidad en la que estés pensando en invertir. Esto incluye la salud financiera, la dirección de la empresa y su posición en el mercado.

Tasas de Interés y Ciclos Económicos: Las tasas de interés y los ciclos económicos pueden tener un gran impacto en las inversiones. Aprende cómo estos factores pueden influir en tus activos.

Tolerancia al Riesgo: Evalúa tu tolerancia al riesgo y asegúrate de que tu estrategia de inversión esté alineada con tu perfil de riesgo.

Asesoramiento Profesional: Considera buscar asesoramiento profesional de un asesor financiero o planificador financiero certificado para obtener orientación experta en tus decisiones de inversión.

Conclusión

La inversión es una herramienta poderosa para construir riqueza y alcanzar tus objetivos financieros a largo plazo. Comprender los conceptos básicos de inversión, desde las clases de activos hasta las estrategias de inversión, es fundamental para tomar decisiones informadas y exitosas. A medida que avanzas en tu viaje de inversión, sigue aprendiendo y ajustando tu estrategia según sea necesario. En el próximo capítulo, exploraremos la importancia de la diversificación y cómo construir una cartera de inversión equilibrada.

Capítulo 6: Diversificación: La Clave para una Cartera Exitosa

La diversificación es un principio fundamental en la inversión que se basa en la distribución de tus activos en diferentes clases de inversión con el fin de reducir el riesgo y mejorar las posibilidades de obtener rendimientos consistentes. Este capítulo explora en detalle la importancia de la diversificación en la construcción de una cartera exitosa, cómo llevar a cabo la diversificación de manera efectiva y los beneficios que puede aportar a tu situación financiera.

La Importancia de la Diversificación

La diversificación es un concepto esencial en la inversión y se basa en la idea de no poner todos los huevos en la misma canasta. La razón fundamental detrás de la diversificación es reducir el riesgo. Cuando tienes una cartera diversificada, no dependes en exceso de un solo activo o clase de activo, lo que significa que si uno de tus activos se desempeña mal, otros pueden compensar esas pérdidas. Aquí hay algunas razones clave por las que la diversificación es importante:

Reducción del Riesgo: La diversificación ayuda a reducir el riesgo inherente a la inversión. Al distribuir tus inversiones en diferentes activos, estás menos expuesto a la volatilidad de cualquier activo individual.

Rendimientos Consistentes: Una cartera diversificada puede proporcionar rendimientos más consistentes a lo largo del tiempo. Mientras que algunos activos pueden estar en alza, otros pueden estar en baja, equilibrando tu cartera en general.

Protección contra Pérdidas Significativas: En caso de que un activo o clase de activo sufra pérdidas significativas, otros activos pueden ayudar a compensar esas pérdidas, reduciendo el impacto en tu cartera.

Adaptación a Cambios del Mercado: Los mercados financieros son dinámicos y cambian con el tiempo. La diversificación te permite adaptarte a cambios en las condiciones del mercado sin depender en exceso de un solo tipo de inversión.

Diversificación de Activos

La diversificación de activos implica invertir en una variedad de clases de activos diferentes. Algunas de las clases de activos más comunes incluyen:

Acciones: Las acciones representan participaciones en la propiedad de empresas. Invertir en una variedad de acciones de diferentes industrias y regiones geográficas es una forma de diversificación.

Bonos: Los bonos son valores de deuda emitidos por gobiernos o empresas. Pueden ofrecer un flujo de ingresos regular y reducir el riesgo en una cartera de inversión.

Bienes Raíces: La inversión en bienes raíces puede involucrar propiedades residenciales, comerciales o inversiones en bienes raíces cotizados en bolsa (REITs).

Materias Primas: Las materias primas, como el oro, el petróleo o los alimentos, son activos físicos que los inversores pueden comprar como parte de su cartera.

Efectivo y Equivalentes de Efectivo: Esto incluye dinero en efectivo y activos altamente líquidos, como certificados de depósito (CD) o fondos del mercado monetario.

Fondos de Inversión: Los fondos de inversión pueden proporcionar exposición a una variedad de activos en una sola inversión, lo que facilita la diversificación.

Estrategias de Diversificación

La diversificación no se trata solo de tener una variedad de activos en tu cartera, sino de asignar esos activos de manera efectiva. Aquí hay algunas estrategias clave para diversificar tu cartera:

Diversificación por Clases de Activos: La diversificación comienza con la asignación de activos entre clases de activos, como acciones, bonos, bienes raíces y efectivo. La asignación de activos se basa en tu horizonte temporal y tolerancia al riesgo.

Diversificación Sectorial: Dentro de la clase de activos de acciones, considera diversificarte en diferentes sectores de la economía, como tecnología, salud, finanzas, energía, etc. Esto ayuda a evitar la concentración excesiva en un solo sector.

Diversificación Geográfica: La diversificación geográfica implica invertir en diferentes regiones del mundo. Al hacerlo, estás menos expuesto a los riesgos económicos y políticos de una sola región.

Diversificación por Tamaño de Empresas: Invierte en empresas de diferentes tamaños. Esto puede incluir acciones de grandes empresas, medianas empresas y pequeñas empresas. Cada una de estas categorías puede comportarse de manera diferente en diferentes momentos del ciclo económico.

Reequilibrio Regular: La diversificación puede cambiar con el tiempo debido a las fluctuaciones del mercado. Es importante reequilibrar tu cartera regularmente para mantenerla alineada con tu estrategia de inversión original.

Considerar Inversiones Alternativas: Además de las clases de activos tradicionales, algunas personas también consideran inversiones alternativas, como inversiones en capital privado, hedge funds, o inversiones en bienes raíces privados para agregar diversificación adicional.

Beneficios de la Diversificación

La diversificación ofrece una serie de beneficios para los inversores:

Reducción del Riesgo: El beneficio más obvio de la diversificación es la reducción del riesgo. Al tener una variedad de activos en tu cartera, disminuyes la probabilidad de que un solo activo cause pérdidas significativas.

Mejor Control del Riesgo-Rendimiento: La diversificación permite un mejor equilibrio entre el riesgo y el rendimiento. Puedes buscar rendimientos aceptables sin asumir un nivel de riesgo excesivo.

Resistencia a los Ciclos Económicos: La diversificación puede ayudar a tu cartera a resistir las fluctuaciones económicas. Cuando una clase de activo no funciona bien, es posible que otros lo hagan, lo que equilibra tu cartera.

Facilita la Gestión Emocional: La diversificación puede ayudar a los inversores a mantener la calma en momentos de volatilidad del mercado. Saber que tu cartera está diversificada puede reducir el pánico y las decisiones impulsivas.

Potencial para un Rendimiento Sólido a Largo Plazo: Aunque la diversificación puede limitar el potencial de ganancias extremas, puede proporcionar un rendimiento sólido y constante a lo largo del tiempo.

Errores Comunes en la Diversificación

Aunque la diversificación es una estrategia poderosa, existen errores comunes que los inversores pueden cometer:

Sobrediversificación: Tener una cartera demasiado diversificada puede resultar en una pérdida de enfoque y dificultad para dar seguimiento a tus inversiones. Mantén un equilibrio adecuado.

Falta de Diversificación Real: A veces, los inversores pueden pensar que están diversificados cuando, en realidad, tienen una alta correlación entre sus activos. Asegúrate de diversificarte en clases de activos verdaderamente diferentes.

No Reequilibrar: Si no reequilibras tu cartera regularmente, podrías encontrarte con una cartera que está desequilibrada y expuesta a un mayor riesgo.

Sobreponderación en Acciones de tu Empleador: Si tienes una gran parte de tu cartera en acciones de tu empresa, podrías estar asumiendo un riesgo concentrado. Diversifica más allá de las acciones de tu empleador.

Conclusión

La diversificación es un pilar fundamental en la construcción de una cartera de inversión exitosa. Al distribuir tus inversiones en diferentes activos y clases de activos, puedes reducir el riesgo y mejorar tus posibilidades de obtener rendimientos consistentes a lo largo del tiempo. La diversificación inteligente requiere planificación y reequilibrio regular para mantener tu cartera en línea con tus objetivos y tolerancia al riesgo. En el siguiente capítulo, abordaremos la importancia de la planificación de la jubilación y cómo asegurarte de que tu retiro sea cómodo y seguro.

Capítulo 7: Planificación de la Jubilación: Garantizando un Retiro Cómodo

La planificación de la jubilación es un tema crítico en la educación financiera, ya que se relaciona directamente con asegurar un futuro financiero cómodo y seguro. En este capítulo, exploraremos la importancia de la planificación de la jubilación, los desafíos que enfrentan los jubilados y las estrategias para construir un fondo de jubilación sólido que te permita disfrutar de tus años dorados con tranquilidad y prosperidad.

La Importancia de la Planificación de la Jubilación

La jubilación es una etapa de la vida en la que las personas dejan de trabajar y dependen de sus ahorros, inversiones y programas de jubilación, como la seguridad social, para mantener su calidad de vida. La planificación de la jubilación es crucial por varias razones:

Aumento de la Longevidad: Las personas viven más tiempo en la actualidad, y la jubilación puede durar décadas. La planificación es esencial para garantizar que tus recursos financieros duren el tiempo que necesitas.

Ausencia de Ingresos Laborales: En la jubilación, tu fuente principal de ingresos, tus salarios, desaparece. Debes depender de tus ahorros y otras fuentes de ingresos para mantenerte.

Inflación: La inflación disminuye el poder adquisitivo de tu dinero con el tiempo. La planificación de la jubilación debe considerar la necesidad de vencer la inflación.

Costos de Cuidados de Salud: Los gastos de atención médica tienden a aumentar a medida que envejeces. La planificación adecuada debe abordar la atención médica y el seguro médico.

Desafíos de la Jubilación

A pesar de la importancia de la jubilación, existen varios desafíos que los jubilados pueden enfrentar:

Inadecuación de Ahorros: Muchas personas no han ahorrado lo suficiente para mantener su nivel de vida deseado en la jubilación.

Inversiones Inadecuadas: La inversión en la jubilación es crucial. Invertir de manera incorrecta o inadecuada puede resultar en pérdidas financieras significativas.

Deudas Pendientes: La deuda pendiente puede ser un lastre financiero en la jubilación. La falta de una estrategia de gestión de deuda puede ser perjudicial.

Falta de Cobertura de Seguro: No tener seguro médico adecuado o un seguro de cuidados a largo plazo puede ser un problema financiero en la jubilación.

Estrategias de Planificación de la Jubilación

La planificación de la jubilación es un proceso continuo que debe comenzar mucho antes de tu fecha de jubilación prevista. Aquí hay algunas estrategias clave para planificar tu jubilación:

Establecer Objetivos Claros: Define tus objetivos de jubilación. ¿A qué edad te gustaría jubilarte? ¿Cuánto dinero necesitarás para mantener tu nivel de vida deseado?

Calcular tus Necesidades: Realiza un cálculo realista de tus necesidades de jubilación. Esto incluye gastos básicos, cuidado de la salud y otros gastos que puedan surgir en la jubilación.

Ahorrar Regularmente: Comienza a ahorrar regularmente para la jubilación tan pronto como sea posible. Aprovecha las cuentas de jubilación, como 401(k) o IRAs, que ofrecen ventajas fiscales.

Invertir de Manera Adecuada: Asegúrate de que tus inversiones estén alineadas con tu horizonte temporal y tolerancia al riesgo. La diversificación es clave para la gestión de riesgos en tu cartera de jubilación.

Gestionar la Deuda: Desarrolla una estrategia de gestión de deuda para pagar las deudas pendientes antes de la jubilación. Esto aliviará la carga financiera en tus años dorados.

Seguro Médico y de Cuidados a Largo Plazo: Asegúrate de tener cobertura médica adecuada para la jubilación, incluyendo la consideración de un seguro de cuidados a largo plazo.

Maximizar la Seguridad Social: Comprende cómo funcionan los beneficios de la Seguridad Social y cuándo es el momento adecuado para comenzar a recibirlos. Maximizar tus beneficios puede marcar una gran diferencia.

Planificación de Ingresos Pasivos: Considera la creación de fuentes de ingresos pasivos, como inversiones en bienes raíces o carteras de dividendos, que pueden proporcionar ingresos adicionales en la jubilación.

Establecer un Presupuesto de Jubilación

Un presupuesto de jubilación es esencial para mantener el control de tus finanzas en la jubilación. Debe reflejar tus gastos proyectados y los ingresos disponibles durante la jubilación. Algunos elementos clave a considerar en tu presupuesto de jubilación incluyen:

Gastos Básicos: Incluye gastos esenciales como vivienda, alimentos, servicios públicos y seguro médico.

Entretenimiento y Estilo de Vida: Asegúrate de tener fondos para disfrutar de actividades de entretenimiento y mantener tu calidad de vida deseada.

Cuidados de Salud: Considera los gastos relacionados con la atención médica y el seguro médico. Pueden ser significativos en la jubilación.

Impuestos: Asegúrate de entender cómo los impuestos pueden afectar tus ingresos de jubilación y planifica en consecuencia.

Gastos Inesperados: Incluye un fondo para gastos imprevistos, como reparaciones de emergencia o gastos médicos inesperados.

Beneficios de la Planificación de la Jubilación

La planificación de la jubilación ofrece numerosos beneficios:

Tranquilidad Financiera: La planificación adecuada garantiza que tengas los recursos necesarios para mantener tu calidad de vida en la jubilación.

Flexibilidad: La planificación de la jubilación te da la flexibilidad de tomar decisiones informadas sobre cuándo y cómo te jubilarás.

Oportunidades de Inversión: La planificación de la jubilación te brinda la oportunidad de construir un fondo de jubilación sólido a lo largo del tiempo y aprovechar las inversiones adecuadas.

Reducción del Estrés: La planificación te permite evitar sorpresas financieras desagradables en la jubilación y reduce el estrés relacionado con las preocupaciones financieras.

Conclusión

La planificación de la jubilación es un proceso esencial para garantizar un retiro cómodo y seguro. Comienza a planificar tus necesidades de jubilación, ahorra regularmente, invierte de manera inteligente y mantén un presupuesto de jubilación que refleje tus metas y necesidades. La planificación de la jubilación es un acto de cuidado propio y un enfoque proactivo para asegurar un futuro financiero próspero. En el próximo capítulo, exploraremos el mundo del crédito y las puntuaciones crediticias, y cómo manejar estas herramientas financieras de manera efectiva.

Capítulo 8: Comprender el Crédito y las Puntuaciones Crediticias

El crédito y las puntuaciones crediticias son componentes fundamentales de la educación financiera. En este capítulo, exploraremos en profundidad qué es el crédito, cómo funcionan las puntuaciones crediticias, por qué son importantes y cómo gestionar tu crédito de manera efectiva para mantener una salud financiera sólida.

El Concepto de Crédito

El crédito es un sistema financiero que permite a las personas y empresas pedir prestado dinero u obtener bienes y servicios a crédito con la promesa de pagar en el futuro. El crédito es una herramienta poderosa que puede ayudarte a lograr tus objetivos financieros, como comprar una casa, un automóvil o financiar la educación de tus hijos. Aquí hay algunos conceptos clave relacionados con el crédito:

Préstamos: Los préstamos son una forma común de crédito. Cuando tomas un préstamo, recibes una cantidad de dinero que debes devolver con intereses durante un período de tiempo específico.

Tarjetas de Crédito: Las tarjetas de crédito son un tipo de crédito renovable que te permite realizar compras a crédito. Debes pagar el saldo de tu tarjeta de crédito cada mes o pagar intereses sobre el saldo no pagado.

Líneas de Crédito: Las líneas de crédito son un tipo de crédito renovable similar a las tarjetas de crédito, pero pueden usarse para diversas necesidades financieras, como gastos médicos o proyectos de mejoras en el hogar.

Intereses: Los intereses son el costo adicional que pagas por pedir prestado dinero. Los intereses son una forma de compensación para el prestamista por el riesgo asumido al prestarte dinero.

Las Puntuaciones Crediticias: ¿Qué Son y Cómo Funcionan?

Las puntuaciones crediticias, también conocidas como puntajes de crédito, son números que reflejan tu historial de crédito y tu capacidad para pagar tus deudas. Estas puntuaciones son calculadas por agencias de informes crediticios y se utilizan para evaluar la solvencia crediticia de los individuos y determinar su capacidad para acceder a crédito. Aquí hay algunos aspectos clave de las puntuaciones crediticias:

Agencias de Informes Crediticios: Las tres agencias de informes crediticios más grandes en los Estados Unidos son Equifax, Experian y TransUnion. Estas agencias recopilan información sobre tu historial de crédito, incluyendo préstamos, tarjetas de crédito, pagos atrasados y otros detalles financieros.

Puntuaciones FICO y VantageScore: Las puntuaciones crediticias más comunes son las puntuaciones FICO y VantageScore. Estas puntuaciones evalúan tu historial de crédito y generan un número que representa tu solvencia crediticia. Las puntuaciones pueden variar entre 300 y 850, siendo 850 la puntuación más alta.

Factores que Influyen en tu Puntuación: Tu puntuación crediticia se basa en varios factores, que incluyen tu historial de pagos, la cantidad de deudas pendientes, la duración de tu historial crediticio, los tipos de crédito que utilizas y las nuevas solicitudes de crédito. Los pagos puntuales y la responsabilidad crediticia son fundamentales para mantener una buena puntuación.

Importancia de las Puntuaciones Crediticias

Las puntuaciones crediticias desempeñan un papel crucial en tu vida financiera y pueden afectar tu capacidad para acceder a crédito, así como las tasas de interés que pagarás por ese crédito. Aquí hay algunas razones por las que las puntuaciones crediticias son importantes:

Acceso al Crédito: Las puntuaciones crediticias influyen en si un prestamista te aprueba para un préstamo o una tarjeta de crédito. Las puntuaciones más altas aumentan tus posibilidades de aprobación.

Tasas de Interés: Las puntuaciones crediticias también determinan las tasas de interés que pagarás por el crédito. Las puntuaciones más altas suelen estar asociadas con tasas de interés más bajas, lo que puede ahorrarte dinero a lo largo del tiempo.

Alquiler de Vivienda: Los propietarios y arrendadores pueden revisar tu historial de crédito antes de alquilarte una vivienda. Una puntuación crediticia deficiente puede dificultar la búsqueda de un lugar para vivir.

Empleo: Algunos empleadores pueden revisar el historial crediticio de los solicitantes de empleo, especialmente para puestos financieros o de seguridad. Una puntuación crediticia negativa puede afectar tus oportunidades laborales.

Seguro: Las compañías de seguros pueden utilizar tu puntuación crediticia para determinar las primas que pagarás por pólizas de seguro. Una buena puntuación crediticia puede resultar en primas más bajas.

Cómo Gestionar tu Crédito de Manera Efectiva

La gestión efectiva de tu crédito es esencial para mantener una buena puntuación crediticia y una salud financiera sólida. Aquí hay algunas estrategias para gestionar tu crédito de manera efectiva:

Hacer Pagos Puntuales: Pagar tus cuentas a tiempo es uno de los factores más importantes para mantener una buena puntuación crediticia. Configura recordatorios o pagos automáticos para evitar retrasos.

Evitar la Sobreutilización de Crédito: No utilices la totalidad de tu límite de crédito disponible en tarjetas de crédito. Mantén un bajo porcentaje de utilización del crédito.

No Abrir Demasiadas Cuentas a la Vez: Evita abrir múltiples cuentas de crédito en un corto período de tiempo, ya que esto puede hacer que parezcas un solicitante de alto riesgo.

Revisar tu Informe de Crédito: Revisa regularmente tu informe de crédito para detectar errores o actividades fraudulentas. Tienes derecho a una copia gratuita de tu informe de crédito cada año.

Mantener Cuentas Antiguas: Mantén cuentas de crédito antiguas y en buen estado, ya que la duración del historial crediticio es un factor en tu puntuación.

Negociar con Acreedores: Si tienes dificultades para pagar tus deudas, considera negociar con tus acreedores para establecer planes de pago o acuerdos de liquidación.

Mejorar tu Puntuación Crediticia

Si tu puntuación crediticia actual es baja, existen pasos que puedes tomar para mejorarla con el tiempo:

Pagar Deudas: Paga tus deudas pendientes y evita incurrir en más deudas.

Hacer Pagos Puntuales: Establece un historial de pagos puntuales y consistentes.

Revisar Errores en tu Informe de Crédito: Si encuentras errores en tu informe de crédito, disputa y corrige la información inexacta.

Reducir la Utilización del Crédito: Disminuye el saldo de tus tarjetas de crédito y evita cargar más de lo necesario.

Evitar Solicitudes de Crédito Frecuentes: Limítate a solicitar crédito solo cuando sea necesario.

Ser Paciente: La mejora de tu puntuación crediticia lleva tiempo. Sé consistente en tus hábitos financieros y verás una mejora gradual.

Conclusión

Comprender el crédito y las puntuaciones crediticias es esencial para una salud financiera sólida. El crédito es una herramienta poderosa que te permite alcanzar metas financieras, pero también conlleva responsabilidad. Gestionar tu crédito de manera efectiva, mantener una buena puntuación crediticia y aprender a mejorar tu crédito son componentes clave de una educación financiera sólida. En el próximo capítulo, exploraremos el concepto de ingresos pasivos y cómo hacer que el dinero trabaje para ti.

Capítulo 9: Ingresos Pasivos: Haciendo que el Dinero Trabaje para Ti

En este capítulo, exploraremos el emocionante concepto de ingresos pasivos y cómo puedes utilizarlos para construir riqueza y lograr una mayor independencia financiera. A medida que avanzamos en la educación financiera, comprender y aprovechar los ingresos pasivos se convierte en un objetivo clave.

¿Qué Son los Ingresos Pasivos?

Los ingresos pasivos se refieren a las ganancias que obtienes con un mínimo o ningún esfuerzo directo. Estos flujos de ingresos se generan a través de inversiones, activos, negocios o propiedades que trabajan para ti, en lugar de que tú trabajes para ellos. Los ingresos pasivos son un elemento esencial para diversificar tus fuentes de ingresos y aumentar tu seguridad financiera. Aquí hay algunas formas comunes de ingresos pasivos:

Ingresos por Inversiones: Los intereses, dividendos y ganancias de capital de inversiones como acciones, bonos, fondos mutuos y bienes raíces pueden generar ingresos pasivos.

Ingresos de Alquiler: Poseer propiedades de alquiler, como apartamentos o locales comerciales, puede generar ingresos mensuales pasivos a través del alquiler.

Ingresos de Propiedades de Alquiler en Línea: Plataformas como Airbnb permiten a los propietarios ganar dinero alquilando sus propiedades en línea.

Ingresos por Regalías: Si eres autor, músico, inventor o artista, puedes ganar ingresos pasivos a través de regalías por tus creaciones.

Negocios en Línea: Los negocios en línea, como blogs, tiendas en línea y sitios web de membresía, pueden generar ingresos pasivos a través de publicidad, ventas y suscripciones.

Ingresos de Afiliados: La promoción de productos o servicios de otras empresas a cambio de comisiones puede generar ingresos pasivos.

La Importancia de los Ingresos Pasivos

Los ingresos pasivos son fundamentales en la educación financiera por varias razones:

Diversificación de Ingresos: Los ingresos pasivos diversifican tus fuentes de ingresos y reducen la dependencia de un empleo o negocio activo.

Mayor Libertad Financiera: Los ingresos pasivos proporcionan una mayor libertad financiera y te permiten tomar decisiones financieras basadas en tus objetivos, en lugar de estar limitado por la necesidad de un sueldo mensual.

Generación de Riqueza: Los ingresos pasivos pueden ayudarte a construir riqueza a lo largo del tiempo, ya que los flujos de ingresos continúan llegando incluso cuando no estás trabajando activamente.

Retiro Temprano: Los ingresos pasivos sólidos pueden acercarte a la posibilidad de un retiro temprano o semi-retiro, liberándote de la necesidad de trabajar a tiempo completo.

Reducción del Estrés Financiero: Al contar con múltiples fuentes de ingresos, puedes reducir el estrés financiero y sentirte más seguro en caso de contratiempos económicos.

Formas Comunes de Generar Ingresos Pasivos

A continuación, exploraremos algunas formas comunes de generar ingresos pasivos:

1. Inversiones

Las inversiones son una de las formas más tradicionales de generar ingresos pasivos. Aquí hay algunas opciones de inversión que pueden generar ingresos pasivos:

Acciones que pagan dividendos: Invertir en acciones de empresas que pagan dividendos te proporciona ingresos regulares en forma de dividendos.

Bienes raíces: La inversión en bienes raíces, como propiedades de alquiler o bienes raíces cotizados en bolsa (REIT), puede generar ingresos pasivos a través del alquiler o los pagos de dividendos.

Bonos: La compra de bonos gubernamentales o corporativos te proporciona pagos de intereses regulares.

Fondos de inversión: Los fondos mutuos y los fondos cotizados en bolsa (ETF) pueden generar ingresos pasivos a través de dividendos y ganancias de capital.

2. Propiedades de Alquiler

La inversión en propiedades de alquiler es una forma popular de generar ingresos pasivos. Al alquilar propiedades, obtienes ingresos regulares de alquiler. Sin embargo, esta forma de ingresos pasivos también conlleva responsabilidades, como el mantenimiento de la propiedad y la gestión de los inquilinos.

3. Negocios en Línea

Los negocios en línea, como blogs, tiendas en línea y sitios web de membresía, pueden generar ingresos pasivos a través de diversas fuentes:

Publicidad: Puedes ganar dinero a través de la publicidad en tu sitio web, blog o canal de YouTube.

Venta de productos y servicios: Una tienda en línea o una plataforma de membresía pueden generar ingresos a través de la venta de productos, servicios o membresías.

Marketing de afiliados: Promocionar productos o servicios de otras empresas a través de programas de afiliados te permite ganar comisiones por las ventas generadas a través de tu enlace de afiliado.

4. Ingresos de Afiliados

El marketing de afiliados es una estrategia común para generar ingresos pasivos. A través del marketing de afiliados, promocionas productos o servicios de otras empresas a través de tu sitio web, blog o redes sociales y ganas comisiones por las ventas generadas a través de tus enlaces de afiliado.

5. Ingresos por Regalías

Si eres autor, músico, inventor o artista, puedes ganar ingresos pasivos a través de regalías. Las regalías son pagos recurrentes que recibes por el uso continuo de tu trabajo creativo. Por ejemplo, un autor puede recibir regalías por las ventas continuas de su libro.

Construyendo Ingresos Pasivos

Construir ingresos pasivos no sucede de la noche a la mañana, pero con paciencia y dedicación, puedes lograrlo. Aquí hay algunas estrategias para construir ingresos pasivos:

Educación Financiera: Comienza por educarte sobre las diversas formas de ingresos pasivos y cómo funcionan. Comprender las inversiones, el marketing de afiliados y otros métodos te ayudará a tomar decisiones informadas.

Establecer Metas Claras: Define tus objetivos de ingresos pasivos. ¿Cuánto ingreso pasivo deseas generar y en qué plazo?

Diversificación: No dependas de una sola fuente de ingresos pasivos. Diversifica tus inversiones y fuentes de ingresos para reducir el riesgo.

Inversión Inicial: En muchos casos, es necesario invertir tiempo y dinero inicialmente para construir fuentes de ingresos pasivos. Prepárate para invertir en tu educación y en los recursos necesarios.

Mantenimiento: Los ingresos pasivos requieren mantenimiento. Debes seguir monitoreando y ajustando tus inversiones y negocios en línea para maximizar tus ganancias.

Persistencia: La construcción de ingresos pasivos puede llevar tiempo. Sé persistente y mantén tus esfuerzos a lo largo del tiempo.

Conclusión

Los ingresos pasivos son una piedra angular de la independencia financiera. A través de inversiones, propiedades de alquiler, negocios en línea, marketing de afiliados y regalías, puedes construir fuentes de ingresos que trabajen para ti sin requerir un esfuerzo continuo. Al comprender las diversas formas de ingresos pasivos y tomar medidas para construirlos, estás dando un paso importante hacia una vida financiera más segura y próspera. En el siguiente capítulo, exploraremos cómo establecer metas financieras a largo plazo y las estrategias para alcanzarlas.

Capítulo 10: Hacia un Futuro Financiero Próspero: Metas y Estrategias a Largo Plazo

En este último capítulo, culminamos nuestro viaje de educación financiera explorando la importancia de establecer metas financieras a largo plazo y las estrategias para alcanzarlas. También queremos agradecer a los lectores por su compromiso en aprender sobre la gestión financiera y su búsqueda de la prosperidad económica.

La Importancia de las Metas Financieras a Largo Plazo

Las metas financieras a largo plazo son un componente fundamental de cualquier plan financiero sólido. Estas metas proporcionan una visión clara de lo que deseas lograr en el futuro y te ayudan a mantenerte enfocado en tus objetivos financieros. Aquí hay algunas razones por las que las metas financieras a largo plazo son esenciales:

Dirección y Propósito: Establecer metas te brinda dirección y propósito en tus esfuerzos financieros. Saber hacia dónde te diriges es esencial para tomar decisiones financieras informadas.

Motivación: Las metas proporcionan motivación para ahorrar, invertir y trabajar de manera constante hacia un futuro financiero próspero.

Planificación Estratégica: Las metas financieras te permiten crear un plan financiero estratégico. Puedes identificar los pasos necesarios para alcanzar tus objetivos.

Medición del Progreso: Las metas actúan como puntos de referencia para medir tu progreso financiero. Puedes evaluar cómo te estás acercando a tus objetivos con el tiempo.

Sentimiento de Logro: Al alcanzar tus metas financieras a largo plazo, experimentarás un sentimiento de logro y satisfacción que contribuirá a tu bienestar.

Estableciendo Metas Financieras a Largo Plazo

Establecer metas financieras a largo plazo es un proceso personal y único. Aquí hay algunas pautas para ayudarte a definir y establecer tus propias metas financieras:

Sé Específico: Las metas deben ser específicas y claras. En lugar de decir "quiero ahorrar más dinero", establece una meta como "quiero ahorrar $10,000 en un fondo de emergencia en los próximos dos años".

Se Cuantitativo: Cuantifica tus metas siempre que sea posible. Esto te brinda un objetivo concreto para trabajar y te permite medir tu progreso.

Establece Plazos: Define plazos realistas para tus metas. Un plazo te motiva y te ayuda a priorizar tus esfuerzos.

Prioriza tus Metas: Es probable que tengas varias metas financieras a largo plazo. Prioriza estas metas en función de su importancia y urgencia.

Ten en Cuenta tus Valores y Pasiones: Alinea tus metas financieras con tus valores y pasiones. Esto te ayudará a mantener la motivación y la dedicación a largo plazo.

Consulta con un Profesional: En algunos casos, puede ser beneficioso consultar con un asesor financiero o planificador financiero para establecer metas adecuadas y un plan estratégico.

Estrategias para Alcanzar tus Metas Financieras a Largo Plazo
Una vez que hayas establecido tus metas financieras a largo plazo, es importante desarrollar estrategias para alcanzarlas. Aquí hay algunas estrategias clave que pueden ayudarte en tu camino hacia un futuro financiero próspero:

Presupuesto: Un presupuesto sólido es esencial para controlar tus gastos, maximizar tus ahorros y seguir el camino hacia tus metas.

Ahorro Automático: Configura la automatización de tus ahorros. Programa transferencias automáticas a tus cuentas de ahorro o inversiones para garantizar que estés cumpliendo con tus metas.

Inversión Inteligente: Aprende sobre inversiones y estrategias de inversión que se alineen con tus objetivos. La inversión puede acelerar tu progreso hacia el logro de tus metas financieras a largo plazo.

Educación Continua: La educación financiera es clave para tomar decisiones informadas. Continúa aprendiendo sobre inversiones, gestión de deuda y otros aspectos financieros relevantes para tus metas.

Diversificación: Diversifica tus inversiones para reducir el riesgo. Un portafolio diversificado puede proporcionar un rendimiento más constante a lo largo del tiempo.

Mantenimiento de Emergencias: Mantén un fondo de emergencia para cubrir gastos imprevistos. Esto evita que tengas que recurrir a tus inversiones de largo plazo en caso de una emergencia.

Revaluación Periódica: Reevalúa tus metas y tu progreso regularmente. A medida que cambian tus circunstancias y prioridades, es posible que debas ajustar tus metas y tu plan.

Persistencia: La persistencia es fundamental para alcanzar tus metas financieras a largo plazo. Aunque los obstáculos puedan surgir en el camino, mantener el enfoque y la determinación te llevará más cerca de tus metas.

Agradecimiento a los Lectores

A medida que llegamos al final de este libro sobre educación financiera, queremos expresar nuestro sincero agradecimiento a los lectores. El deseo de aprender y mejorar tu comprensión de la gestión financiera es un paso valiente y significativo hacia la independencia financiera y el éxito económico.

La educación financiera es una herramienta poderosa que puede transformar tu vida. Te brinda las habilidades y los conocimientos necesarios para tomar decisiones financieras informadas, reducir el estrés económico y construir un futuro financiero próspero. Tu compromiso con aprender sobre conceptos como presupuesto, ahorro, inversión, gestión de deuda, crédito, ingresos pasivos y establecimiento de metas financieras es admirable.

La búsqueda de una vida financiera más segura y próspera es un viaje continuo, y estamos encantados de haberte acompañado en esta parte de tu recorrido. Si has encontrado útil este libro, te animamos a seguir aprendiendo y expandiendo tus conocimientos en el ámbito de la educación financiera.

Recuerda que la educación financiera es una inversión en ti mismo y en tu futuro. A medida que adquieras más conocimientos y habilidades financieras, tendrás la capacidad de tomar decisiones financieras sólidas que te beneficiarán a lo largo de la vida. Tu futuro financiero está en tus manos, y estamos seguros de que estás en el camino correcto hacia el éxito económico.

En conclusión, agradecemos tu interés y dedicación a la educación financiera. Esperamos que este libro te haya proporcionado información valiosa y herramientas prácticas para alcanzar tus metas financieras a largo plazo. Te deseamos todo el éxito en tu camino hacia un futuro financiero próspero y una vida económica segura.

¡Gracias por leernos y mucho éxito en tu viaje hacia la independencia financiera!

Este es el final de "Aprender y Prosperar: Educación Financiera en la Vida Diaria".

Posfacio

Al culminar la lectura de "Aprender y Prosperar: Educación Financiera en la Vida Diaria," hemos llegado al final de un viaje que esperamos haya sido tan enriquecedor para usted como lo fue para nosotros crearlo. Este posfacio es el punto de partida para reflexionar sobre lo que ha aprendido y, con suerte, para inspirarlo a continuar su búsqueda de independencia financiera y éxito económico.

La educación financiera es un proceso en constante evolución, y al haber llegado hasta aquí, ha demostrado su compromiso con mejorar sus habilidades financieras. La toma de decisiones financieras informadas es esencial en el mundo actual, y su inversión en su educación financiera le abrirá las puertas a oportunidades y le permitirá enfrentar los desafíos con confianza.

En este libro, hemos explorado una amplia gama de temas financieros, desde el presupuesto y el ahorro inteligente hasta la inversión, la gestión de deudas, la planificación de la jubilación, el crédito y la construcción de ingresos pasivos. Esperamos que haya encontrado información valiosa y herramientas prácticas que pueda aplicar en su vida diaria.

Sin embargo, es importante recordar que la educación financiera no se limita a este libro. Este es solo el comienzo de su viaje. Aquí hay algunas pautas para continuar su búsqueda de conocimiento financiero:

- **Educación Continua:** La educación financiera es un campo en constante cambio. Manténgase al tanto de las últimas tendencias y desarrollos en finanzas personales e inversiones.
- **Aplicación Práctica:** No hay mejor manera de aprender que aplicar lo que ha aprendido. Aplique los conceptos financieros en su vida diaria para ver resultados reales.
- **Diversidad de Fuentes:** Este libro es un punto de partida, pero hay una abundancia de recursos disponibles. Explore libros adicionales, blogs, podcasts, cursos en línea y seminarios para ampliar sus conocimientos.
- **Asesoramiento Profesional:** En ciertas etapas de su vida financiera, puede ser beneficioso consultar con un asesor financiero o planificador certificado. Pueden proporcionar orientación personalizada.
- **Establecimiento de Metas:** Refuerce sus metas financieras a largo plazo. A medida que alcance sus objetivos actuales, defina otros nuevos para mantenerse motivado.

- **Comparta el Conocimiento:** Compartir lo que ha aprendido con amigos y familiares puede ser una forma efectiva de fortalecer sus propias habilidades financieras y ayudar a otros a mejorar las suyas.
- **Mantenga el Enfoque:** La educación financiera es un viaje continuo. A veces habrá desafíos, pero mantenga su determinación y enfoque en sus objetivos.

El camino hacia la independencia financiera es un viaje emocionante y, a veces, desafiante. No importa cuáles sean sus metas y sueños, la educación financiera es una herramienta poderosa que le proporcionará las habilidades y el conocimiento para alcanzarlos. Este libro ha sido un compañero en su viaje, y esperamos que haya encontrado inspiración y orientación en sus páginas.

www.ingramcontent.com/pod-product-compliance
Lightning Source LLC
Chambersburg PA
CBHW060002300526
45794CB00003B/1050